Gebete aus früheren Zeiten

Gebete aus früheren Zeiten

Stephan Doeve

Text Copyright©2015 Stephan Doeve Autor
Herstellung und Verlag: BoD-Books on Demand, Norderstedt
ISBN 978-3-7386-3792-2

Vorwort

Diese 20 alten christlichen Gebete stammen aus einem Gebetsbuch von 1800. Es sind Gebete von Liebe zu Gott, Nächstenliebe und Bekenntnisse zum Glauben. Der originale Wortlaut wurde beibehalten.

Hier ein kurzer Auszug aus der Vorrede des Verfassers Joseph Sperl:

„Ich habe das feste Vertrauen zu Gott, der ja mit Wohlgefallen auf alle Unternehmungen blicket, welche zur Verbreitung des Guten oder zur Verherrlichung seiner Ehre und seines Namens abzwecken, daß er auch meine Bemühung mit seinem reichen Segen begleiten werde"

Nürnberg, den 12. November 1799

1

Ich glaube, Gott, mit Zuversicht,
was Jesus Christus lehret.
Er kam und sprach: Es werde Licht,
da ward' es aufgekläret.
Er sprach: Wer reines Herzens ist,
dem wird Gott Frieden geben!
In diesem Glauben stirbt der Christ, in
diesem muß er leben.

Ich hoffe, Gott, durch Deinen Sohn
Verzeihung meiner Sünden,
und Gnad' im Leben, und den Lohn
des Himmels einst zu finden.
Du, der Du unser Vater bist,
wirst uns zu Dir erheben!
In dieser Hoffnung stirbt der Christ, in
dieser muß er leben.

Gott, über alles lieb' ich Dich
von meinem ganzen Herzen.
Daß ich von dieser Liebe wich,
dies wird mich ewig schmerzen.
Weil Du des Guten Quelle bist,
das Ziel, nach dem wir streben.
In dieser Liebe stirbt der Christ,
in dieser muß er leben.

Steh' stille, Seele, auf dem Wege,
sieh' ob er wohl der rechte ist.
Schau rück- und vorwärts, und erwäge,
wie ferne Du vom Ziele bist.
Da überdenke Deine Pflichten,
und strebe fromm und gut zu sein,
nur schöne Taten zu verrichten,
und hole das Versäumte ein.

2

Ich bin getauft auf Jesu Lehren,
Dich Vater, Deinen Sohn und Geist.
So zu bekennen und zu ehren,
daß Herz und Mund und Tat Dich preist.
Und dann des Glücks, ein Christ zu sein,
mich hier und ewig zu erfreun'.

Du öffnetest mir das Verständnis
durch Deines Sohnes Lehr' und Geist.
Durch sie gelangt' ich zur Erkenntnis,
wie man Dich würdig ehrt und preist.
Und welches Heil dein gnädiger Rat
dem, der Dich ehret, bereitet hat.

3

Gott, durch den wir sind und leben,
Deine Güte sei gepreist,
Daß Du uns Dein Wort gegeben,
das zum Heil uns unterweist.
Das uns unsere Pflichten lehrt,
warnt, ermahnet, straft, bekehrt.
Und, wenn uns ein Leiden drücket,
uns mit reichem Trost erquicket.

Darum präge Deine Lehren,
tief in unsere Seele ein.
Laß sie uns mit Nutzen hören,
und derselben Täter sein.
Treib uns durch sie kräftig an,
daß wir Dich vor jedermann,
froh bekennen, kindlich lieben,
und mit Sünden nicht betrüben.

4

Ich neige mich, o Gott, aufs' neue
zu meines Jesu Lehre hin.
Erwecke mich zu neuer Treue,
und bilde mich nach Deinem Sinn.
Weich' Leidenschaft, o Sünde weich'!
Gott hört es, jetzt entsage ich euch.

O stehe nur mit Deinem Geiste,
wie Du verheißen hast, mir bei.
Daß ich, was ich versprech', auch leiste,
und treulich Dir ergeben sei.
Und fehl' ich, so verwirf mich nicht,
mein Gott, vor Deinem Angesicht.

5

Erfüllt, mein Gott, mit Zuversicht,
komm' ich zu Dir mit Flehen.
Sei gnädig mir, verwirf mich nicht,
laß mich Erhörung sehen!
Ein Herz, das seine Ehre liebt,
und sich im Guten standhaft übt,
verleihe mir, mein Vater!

Gib', daß ich, wie Dein Wort gebeut,
den Nächsten, als mich, liebe.
Und weder durch Rachgierigkeit
noch Härte ihn betrübe.
Daß ich um mich Glückseligkeit,
und Tugend und Zufriedenheit,
stets zu verbreiten suche.

6

Gott, wie soll ich Dich erheben,
dessen Güte alles preist.
Daß Du uns Dein Wort gegeben,
das zum Heil uns unterweist,
Weil es Dich erkennen lehret,
und uns heiligt und bekehret.
Ja wenn uns ein Leiden drückt,
mit so reichem Trost erquickt.

Kein Lehrer, ist Dir Jesus gleich,
an Weisheit und an Liebe reich.
Du zeigtest uns durch Wort und Tat,
den Weg zum Glück, den Tugendpfad.
Du bist das Haupt, du gingst voran,
und ebnest uns die Himmelsbahn!
Auf ewig sei Dir Dank und Ruhm,
Herr für Dein Evangelium.

7

Von jeher hast Du, Gott, gesandt,
Propheten, deine Knechte.
Sie machten in der Welt bekannt,
Dein Heil und Deine Rechte.
Zuletzt ist selbst Dein eigener Sohn,
o Vater, von des Himmels Thron
gekommen, uns zu lehren.

Herr, öffne Du Verstand und Herz,
daß wir Dein Wort recht fassen.
In Lieb' und Leid, in Freud' und
Schmerz, es aus der Acht nicht lassen.
Daß wir nicht Hörer nur allein,
nein, auch desselben Täter sein,
Frucht hundertfältig bringen.

8

Heilig, Christen, sind die Stunden,
die Euch Gott zur Weisheit gab.
Sind sie ungenützt verschwunden,
stehst Du seufzend einst am Grab.
Siehe, Deine Tage fliehen,
wie am Himmel Wolken ziehen.
Wahrheit, Tugend, reiner Sinn,
bieten ewigen Gewinn.

Unser Ziel steht nicht am Grabe,
unseren Geist hält keine Gruft.
Seufze nicht am Wanderstabe,
wenn die ernste Stunde ruft.
In der zweiten Welt empfänget.
jeder was er ausgesähet,
jeder seiner Taten Lohn,
vor des Totenrichters Thron.

Führe uns den Weg zum Leben,
Heilige Religion!
Laß uns nach Vollendung streben,
Weisheit bringt den schönsten Lohn!
Laßt uns lernen, laßt uns hören,
und der Aussaat Frucht vermehren.
Wuchern für die bessere Welt,
gleich dem guten Ackerfeld.

9

Heiland der Welt, Herr Jesu Christ,
der Du vom Himmel gekommen bist,
und in des Irrtums finsterer Nacht,
die Wahrheit allen kund gemacht.
Und uns zu jener Seligkeit,
durch Deine Lehre eingeweiht.
Sohn Gottes, unser Heil und Licht,
verlaß uns in der Schwachheit nicht.

Erleuchte Deine Christenheit,
daß sie Dein Wort zu jeder Zeit,
das Du uns liebreich hast gelehrt,
mit Andacht und in Demut hört.
Was Du uns lehrst, gibt Kraft und
Stärke, daß wir vollbringen unsere
Werke.

10

Nach Dir, o Herr, verlanget mich.
Du bist mein Gott, ich hoffe auf Dich.
Ich bleib' und bin der Zuversicht,
du werdest mich beschämen nicht.
Der wird zu Schanden, der Dich flieht,
und Deinem Dienste sich entzieht.
Der aber, der Dich herzlich liebt,
und auf Dich hofft, wird nicht betrübt.

Herr, nimm Dich meiner Seele an,
und führe mich die rechte Bahn.
Laß auf dem Weg, der führt zu Dir,
stets Deine Wahrheit leuchten mir.

Denn Du bist ja mein einziges Licht,
sonst weiß ich keinen Helfer nicht.
Ich harre Dein bei Tag und Nacht,
Du hast den Willen und die Macht.

Wie groß ist meiner Sünden Heer,
ach, denke ihrer, Herr, nicht mehr.
Vergib, was ich von Jugend an,
bis jetzt vor Dir nicht recht getan.
Der Herr ist heilig, treu und gut,
dem, der ihn ehrt und Buße tut.
Wer seinen Bund und Zeugnis hält,
den wird Gott halten, wenn er fällt.

Ein Herz, das Gott mit Innbrunst liebt,
ihm ganz vertraut, sich ihm ergiebt.
Braucht nicht Gefahr und Not zu
scheuen.
Denn es ist Gottes, Gott ist sein.
Nun, Herr, mein Herz ist Dir bekannt,
es schwebt mein Geist in Deiner Hand.
Du siehst, wie meine Seele weint,
bis Deine Hilfe mir erscheint.

11

Du milder Geber aller Gaben,
Herr, Dir gebühret Ruhm und Dank.
Du hörst das Schreien der jungen Raben,
so wie der Lerche Lobgesang.
O neige jetzt Dein Ohr zu mir!
Du forderst Dank, ich danke Dir.

Die kleinste Deiner Kreaturen macht
Deine Weisheit offenbar.
Ich sehe Deiner Güte Spuren,
und Deine Macht von Jahr zu Jahr.
Ein jedes Gräschen lehret mich:
Wie groß ist Gott!
Wie klein bin ich!

Du sorgst nach treuer Väter Weise
für alle Werke Deiner Hand.
Du gibst auch allem Fleische Speise,
beschirmst und segnest jedes Land.
Du liebst unveränderlich,
der Bösen selbst erbarmst Du Dich.

Der Erdkreis ist von Deiner Güte,
von Deiner Weisheit ist er voll.
Herr, unterwerfe mein Gemüte,
wie ich Dich würdig loben soll.
Gib, daß mein Herz Dich freudig liebt,
Dich, der mir so viel gutes gibt.

12

Des Leibes warten und ihn nähren,
das ist, o Schöpfer, meine Pflicht.
Durch eigene Schuld ihn zu zerstören,
verbietet mir Dein Unterricht.
O stehe mir mit Weisheit bei,
daß diese Pflicht mir heilig sei.

Sollt' ich, o Herr, nicht teuer schätzen,
was Deine Hand mir anvertraut?
den wundervollen Bau verletzen,
den Du, mein Schöpfer, selbst erbaut?
Wes ist mein Leib? Er ist ja Dein.
Wie dürfte ich sein Zerstörer sein?

Ihn zu erhalten, zu beschützen,
gibst Du mit milder Vater Hand.
Die Mittel, die dazu uns nützen,
und zum Gebrauch gibst Du Verstand.
Dir ist die Sorge nicht zu klein:
Wie sollte sie denn mir es sein?

Gesunde Glieder, muntere Kräfte,
o Gott, wie viel sind die nicht wert!
Wer taugt zu des Berufes Geschäfte,
wenn Krankheit seinen Leib beschwert?
Ist nicht der Erde größtes Gut,
Gesundheit und ein heiterer Mut?

So gib, daß ich mit Sorgfalt meide,
was meines Körpers Sorgfalt stört.
Daß nicht, wenn ich Schmerzen leide,
mein Geist den inneren Vorwurf hört:
Du selbst bist Störer Deiner Ruh,
Du zogst Dir selbst Dein Übel zu.

Laß, jeden Sinn und alle Glieder,
mich zu bewahren, achtsam sein!
Drückt mich die Last der Krankheit
nieder, so flöße selbst Geduld mir ein.
Gib guten Mut, und dann verleih',
daß auch des Arztes Rat gedeih'

13

Standhaft sei, o Gott, mein Wille,
reines Herzens stets zu sein.
In der Unschuld heiteren Stille
Deiner Gnade mich zu freu'n.
Keine Freude dieser Welt,
wenn sie noch so sehr gefällt,
laß mich wider mein Gewissen
wünschen, suchen und genießen.

Weiß ich doch, daß Deine Güte,
die so mild und freundlich ist,
niemals etwas uns verbiete,
was das Leben uns versüßt.
Uns zum besten nur gebaut,
Dein Gesetz Enthaltsamkeit.
Zucht und Ordnung im Genusse,
Mäßigung im Überflusse.

Unsere Kindheit, unsere Jugend,
unser Alter darf sich freu'n.
Auch die Freude, Gott, ist Tugend,
aber heilig muß sie sein.
Freude, woraus Segen quillt,
nicht gesetzlos, frech und wild.
Nicht ein Taumel, der betöred,
der Gefühl und Kraft zerstöret.

Nur in einem reinen Herzen,
nur in einer keuschen Brust,
toben nicht der Reue Schmerzen,
wohnen ware Ruh' und Lust.
Unbeherrschte Sinnlichkeit,
tötet die Zufriedenheit.
Sie vergiftet alle Freuden,
und verwandelt sie in Leiden.

14

Der Du die Liebe selber bist,
und gern uns Menschen segnest,
ja dem auch, der Dein Feind noch ist,
mit Wohltun doch begegnest.
O bilde meinen Sinn nach Dir,
und laß mich doch, mein Heiland, hier
nach Deinem Vorbild wandeln.
Die können keine Christen sein,
die sich nicht anderer Wohlfart freu'n,
und menschenfreundlich handeln.

O laß in meiner Pilgerschaft
mich auf Dein Vorbild sehen!
Erfülle mich mit Lust und Kraft,
dem Nächsten beizustehen.

Betrübten Herzen Trost zu sein,
mich mit den Fröhlichen zu freu'n,
mit Weinenden zu klagen.
Und dem, der mir sein Herz vertraut,
die Freundschaft, auf die er gebaut,
nicht treulos zu versagen.

Laß mich mit brüderlicher Huld,
des Nächsten Fehler decken.
Durch Sanftmut, Mitleid und Geduld
zur Besserung ihn erwecken.
Und sündigt er auch gegen mich,
so freue mein Seele sich,
ihm willig zu vergeben.
Dann werd' ich Dich, o Jesu Christ,
der Du die Liebe selber bist,
stets würdiger erheben.

15

Barmherzigkeit ist unsere Pflicht,
wenn wir Betrübte sehen.
Helfe ich, o Gott, Bedrängten nicht,
wenn sie um Hilfe flehen,
so kann ich mich des Ruhmes nicht
freu'n, Nachfolger meines Herrn zu sein.

Kränkt mich nicht meines Nächsten
Schmerz, fühl' ich nicht seine Leiden,
so kennt auch nicht mein hartes Herz
die edelsten der Freuden.

Wer so, wie Du, barmherzig ist,
empfängt vor Deinem Throne,
weil er nicht Dein Gebot vergißt,
ein ewig Heil zum Lohne!
Doch den Verächter dieser Pflicht,
erkennst Du für den Deinen nicht.

16

Für unseren Nächsten bitten wir,
o Vater, wie für uns, zu Dir;
Gib jedem, was ihm selig ist.
Dir opfert unser Lobgesang
Anbetung, Ehre, Preis und Dank.
Der Du auch unsere Brüder liebst,
und ihnen so viel Gutes gibst.

Dank, daß Du auch an sie gedenkst,
mit Jesu ihnen alles schenkt.
In Deinem Himmel sie auch schufst;
Zum Glauben sie, zur Tugend ruft!
Des freuen wir uns, und danken Dir,
und beten brünstig, Gott zu Dir:
Laß stets sie Deine Kinder sein,
und ewig Deiner Huld sich freu'n.

Nimm ihrer väterlich Dich an,
und leite sie auf Deiner Bahn.
Und bilde sie für Deinen Ruhm,
zu Deinem Volk und Eigentum.
Verirrte führe, Herr, zurück,
zu Dir, zu ihrem wahren Glück.
Den, der durch Dich sich führen läßt,
mach' auch im Glauben treu und fest.

Entreiß der Laster Tyrannen die Sünder,
Gott, und mach' sie frei,
daß sie nur Deine Pfade gehen,
und einst Dein Vaterantlitz sehen.
Gib allen in Dir frohen Mut!
Bewahr ihr Leben und ihr Gut,
und schütz' ihr bestes Eigentum,
des guten Namens Glück und Ruhm.

17

Du, guter Vater, sieh' auf uns,
auf Deine Kinder nieder.
Sieh' uns versammelt gut und fromm
in Deinem Tempel wieder.
Du, Vater, wollst uns gnädig sein,
wir alle sind die Deinen,
gehören Jesu Christo an,
sei gnädig. Herr, uns Kleinen.

Wir wollen nicht die edle Zeit
versäumen hier auf Erden.
Wir leben für die bessere Welt,
wir wollen besser werden.
Drum gib uns, Vater, Lust und Kraft
zu denken und zu lernen.
So wird vom Bösen sich das Herz mit
Freudigkeit entfernen.

18

Verbittere Dir Dein Leben nicht,
o Christ, durch eigene Rache.
Vergeben ist des Menschen Pflicht;
Vergelten Gottes Sache.
Die Sanftmut, die sein Wort gebeut,
liebt Feinde, segnet und verzeiht.

Wahr ist es, empfindlich ist der Schmerz,
von Menschen Unrecht leiden.
Und soll des Christen Herz Haß, Zorn
und Rachgier meiden.
Soll nicht sein eigener Richter sein,
soll alles Unrecht gern verzeih'n.

19

Gott, ich will mich ernstlich prüfen:
Bin ich redlich auch vor Dir?
Du, Du kennst des Herzens Tiefen,
o entdecke sie auch mir!
Gib mir Einsicht, ob ich treu,
Dir in meinem Wandel sei.
Ob ich, wie ich soll, Dich liebe?
Ob ich, recht zu tun, mich übe?
Eitelkeit und Eigenliebe,
sind die Götzen dieser Welt.
Aber dies sind nicht die Triebe,
deren Wirkung Dir gefällt.
Wer das Gute, das er übt,
nicht von Herzen tut und liebt,
der empfängt die Lebenskrone
Deines Himmels nicht zum Lohne.

Die, um Deiner Liebe willen, wandeln,
wie Dein Wort gebeut.
Diese nur allein erfüllen das Gesetz
der Frömmigkeit.
Nicht blos das, was wir getan,
auch die Quelle siehst Du an.
Deine Liebe soll uns bringen,
gute Werke zu vollbringen.

Wie ein leichter Nebel schwinden
meine Tugenden vor mir.
Meine Fehler, meine Sünden,
trennen mich, o Herr von Dir.
Deine Liebe trieb mich nicht,
zur Erfüllung meiner Pflicht.
Ich vergaß, an Dich zu denken,
ließ vom Eigennutz mich lenken.

20

Empfiehl' dem Höchsten Deine Wege,
und mache Dich von Sorgen los!
Vertraue seiner Vaterpflege,
für ihn ist nichts zu schwer zu groß.
Das er, zu seines Namens Preiß,
nicht herrlich auszuführen weiß!

Wo Du ihn nur hast walten lassen,
da hat er alles wohl gemacht.
Und was Dein Denken nicht kann
fassen, das hat er längst zuvor bedacht.
Wie es sein Rat hat auserseh'n,
So, und nicht anders, muß es geh'n.

Wie werden Deine Lebenstage von
manchem Kummer hier befreit?
Wie leicht wird alle Last und Plage,
Dir werden in der Prüfungszeit?
Wenn Du nichts wünschest in der Welt,
als was Gott will, und ihm gefällt.

An wahrem Glück wird Dir's nicht
fehlen, wenn Du Dein Herz gewöhnst
und lehrst.
Nur dies, was Gott will, zu erwählen,
und Deinem Eigenwillen wehrst.
Gott ist voll Weisheit und Verstand!
Du irrest leicht, und baust auf Sand!